Josef Fendl

Weiß-blaue Gspassettl

Josef Fendl

Weiß-blaue Gspassettl

Erstes Bücherl

Verlagsanstalt »Bayerland« Dachau

In der Reihe Bayerland-Geschenkbücherl sind von Josef Fendl außerdem erschienen:

Das weißblaue Musterkofferl
vom Sprüchemacher

80 Seiten, Format 12 x 17 cm, ISBN 3-89251-248-5

Josef Fendls
sprachlicher Firlefanz

80 Seiten, Format 12 x 17 cm, ISBN 3-89251-262-0

Verlag und Gesamtherstellung:
Druckerei und Verlagsanstalt »Bayerland« GmbH
85221 Dachau, Konrad-Adenauer-Straße 19

Umschlagmotiv: Hans Fischach

Printed in Germany · ISBN 3-89251-277-9

Inhalt

Vorwort:

Lach dich gesund!

»A Spaß muaß sei – zumindest unter der Zuadeck!« hat dersell Bedlmo gsagt und nachher hat er an Floh gfangen. So heißt eines von Hunderten von einschlägigen Sagte-Sprichwörtern, wie sie innerhalb der weiß-blauen Grenzpfähle kursieren, denn der Bayer ist nicht nur ein »Homo narrans« (ein Erzähler), sondern auch ein »Homo ridens« (ein Lacher).

Dieses Lachen – sogar über Tod und Teufel! – ist Teil eines Überlebensmechanismus. Unerkannt und unbewußt war das wohl schon immer ein Bestandteil der bayerischen Mentalität: Lachen als Instrument des Sieges über die Furcht, Lachen als Lösen von Zwängen der unterschiedlichsten Art, Lachen als sicht- und hörbares Zeichen der Hoffnung. Deshalb sagt man ja auch: Wer andere Leute zum Lachen bringt, erlöst eine arme Seele aus dem Fegfeuer!

Geistreiche Spaßmacher und Unterhalter waren als Hofnarren in ganz Europa von den Kreuzzügen bis ins 17./18. Jahrhundert als fest besoldete Beamte in den größeren Burgen und an fast allen Fürstenhöfen zu finden, bis sie von einer neuen von Frankreich ausgehenden Hofetikette verdrängt wurden. Um 1559 beispielsweise beschäftigte auch der Abt des Benediktinerklosters Niederaltaich zwei Hofnarren. Fürstbischof Trenbach von Passau ließ seinem Hofnarren Hans Gerl 1565 sogar ein Marmorgrabmal im Dom setzen.

Als Spaßmacher und Possenreißer hatten die Hofnarren (nach allgemeiner Ansicht) die üble Laune ihrer Herren zu vertreiben und die Tafelgäste zu unterhalten. Oft genug mußten sie auch selber die Zielscheibe für mehr oder weniger derbe Späße abgeben. Zum Repertoire ihrer Rolle als »Lustigmacher« zählten neben den oben erwähnten Sagte-Sprichwörtern auch deftige Schwänke und allerlei Gspassettln.

Und wenn man bedenkt, daß noch um 1500 rund 90 Prozent der bayerischen Bevölkerung in der Landwirtschaft tätig waren, dann versteht man auch, daß der bayerische Humor weithin bukolische Züge trägt.

Lange Zeit hatte man die Bauern, die »rustici«, als Tölpel angesehen – die Bezeichnung leitet sich auch tatsächlich von »Dörfler« her, aber dann besann man sich auf dem Lande auf den angestammten Mutterwitz und gab kräftig heraus.

Der Eulenspiegel ist eine Erfindung der Bauern gegen die Städter!
Im vorliegenden Bändchen sind nun die verschiedensten »carmina bucolica« zusammengetragen, weiß-blaue Mini-Burlesken, literarische Minzenkugeln, deren Namensgeber älteren Semestern noch aus ihrer Kinderzeit bekannt sind, wo sie im Tante-Emma-Laden in dickwandigen Gläsern zum Verkauf anstanden: ein wenig raß, aber gerade deswegen so erfrischend.
Ein Motto für dieses Buch könnte auch sein: »Klein und wenig ist besser als gar nichts!« Oder: »Wer das Kleine nicht ehrt, ist das Große nicht wert!«
In diesem Sinn: viel Spaß mit den Gspassettln!

Josef Fendl
»rusticus in urbe«

Tiefe Eindrücke

»I kann mi no guat erinnern«,
hat der Huaber gsagt,
»vor zwoa, drei Jahr is gwen,
vielleicht aa scho vor vier,

im Sommer, naa, i glaub,
gengan Hirgst zuari oder vielleicht
dennerscht scho im Auswärts,
da habn mir, also der Xari und i,

naa, d' Margot und i, z Degernbach,
naa, haltaus, in Rettnbach
beim Tanzn – oder is beim Kegln gwen? –
a Mordsgaudi ghabt mitanand ...!«

Zielansprache

»Wo hast denn dein Wagn parkt?«
»An der Ruine von eurer Garasch!«
»Seit wann is 'n dös a Ruine?«
»Seit i mein Wagn dort parkt hab!«

Exempla trahunt

»Seit wann versteckt denn
euer Burgermoaster
seine Händ allerweil
in der Joppn?«

»Dös macht er fei erst,
seitdem er letzts Jahr
in seim Urlaub
auf Elba gwen is!«

Die gute und die schlechte Nachricht

Trifft der Hund im Hof
a Herd Gäns und sagt:
»I hab für euch a guate
und a schlechte Botschaft:

Die guate:
D' Jaager habn gestern alle
Fuchsn im Hojz abgschossn!

Und die schlecht:
Sie feiern dös morgn
mit am großn Gansessn!«

Schwer von Begriff

Sagt der Bauer zum Knecht:
»Jetz gehst ins Holzackerl umi
und ackerst dös Erdäpfifeld,
und um elfi kimmst wieder hoam!«

Sagt der Knecht zum Bauern:
»Du bist guat! Woher soll i wissn,
wanns elfi is. I hab doch koa Uhr!«
»Mei, bist du schwer von Begriff«,

sagt der Bauer zum Knecht,
»du hörst dennerscht, wenn ma
im Dorf untn zwölfi läut. No ja,
und genau a Stund vorher gehst!«

Der Bauer und sein Knecht

Der Bauer stapft auf der Bühne auf und ab. Er ist grantig, hat die Fäuste in den Hosentaschen vergraben und schimpft die ganze Zeit vor sich hin. Da kommt der Knecht mit einem Korb Heu vorbei.

Bauer: Hast d' Roß scho gfuadert?
Knecht: D' Roß? Freili han i dö scho gfuadert?
Bauer: Heut am Feiertag hättst eah a bißl mehrer gebn derfa!
Knecht: 's is heut eh a bißl mehrer gwen.
Bauer: Heut hättst eah scho a Guatteil mehrer gebn derfa, weil Pfingstn is.
Knecht: Es is heut eh a Guatteil mehrer gwen.
Bauer: Heut hättst wirkli net sparn braucha mit'm Fuader.
Knecht: I hab heut eh net gspart damit.

Stille

Bauer: No ja, so vuj hättst eah nachher aa wieder net gebn braucha!
Knecht: Es is heut eh net so vui gwen.
Bauer: Du hättst eahna heut durchaus amol a weng wenger gebn derfa, sonst werdn s' z dick.

Knecht: I glaub, es is heut a so aa weng wenger gwen.

Stille

Bauer: (aufbrausend): Heut hättst eahna eigentlich no gar nix gebn braucha. Dö langa vo gestern no!

Knecht: (gelassen): – nachher is ’s a so grad recht, Bauer, i hab s’ eh no net gfuadert …

Vorhang

Bayerischer Dialog
(zwischen Bauer und Knecht)

»Is oaner dagwen?«
»Ja.«
»Wer?«
»I!«

»Naa, i moan, ob oaner kemma is.«
»Ja.«
»Wer?«
»Du!«

Die mit dem Petruskopf

oder Die Plattertn in der bayerischen Sprache

Zum Wesen des bayerischen Humors gehört, daß jeder »sei Fettn wegkriagt«, der Pfarrer genauso wie der Lehrer, der Handwerker ebenso wie der Beamte. Auch der Platterte muß – selbst wenn es ein bißchen paradox klingt – Haare lassen.*
Man nimmt an, daß er als Kloaner beim Dreschen unterm Treibream durchglaafa sei muaß, und jetz wachst eahm der Kopf (oder derber: der Hintern) durch d' Haar durch. Er hat recht vergnügungssüchtige Haar: die gehn allerweil aus. So oaner muaß beim Nasnbohrn den ganzn Humus owakraillt habn. Er derfat si runderneuern lassn, weil scho überall d' Leinwand außerschaut. Er hat an Petruskopf oder a Hirn bis ins Gnack hintere; a solchener hat vuj Gsicht zum Waschn, er solltert am bestn an Huat afsetzn, daß er sieght, wo 's Gsicht afhört. Aber a schöns Gsicht braucht ebn mehr Platz! Andere dagegn sagn: A laarer Stadl braucht koa Dach. A solcher kann si scho mit'm Schwamm kampln. D' Haar san ebn Sumpfpflanzn, dö wachsn bloß auf Wasserköpf! Wenn 's no net ganz so weit is, sagt ma: Haar wia am Häuslmo sei Troad, sechs Halm af sieben Reihen! Am besten waar's, er verkaafert sei Plattn schnell no als Bauplatz, denn mit eahm geht's dahin, d' Haar hat er nämli scho eipackt. Aber

dafür braucht er koan Heilignschein mehr, und er kimmt aa glei in Himmi, wenn er amol stirbt, weil's bereits in der Bibl hoaßt: »Selig, die aushaaren ...!«

Aber auch moderne Bezeichnungen versuchen, in diesen sensiblen Bereich vorzudringen: Da ist dann die Rede von einem erweiterten Gesichtskreis, von Solarzellen, von Flächenstillegung oder von einem Beatle mit Schiebedach ...

* Kahlköpfigkeit scheint vor allem auch ein psychologisches Problem zu sein. Schon die alten Ägypter versuchten, der Glatzenbildung – zum Beispiel mit Igelfett – zu Leibe zu rücken. Und auch aus dem niederbayerischen Kloster Windberg ist in einem mittelalterlichen Kodex ein Eintrag »contra calvitiem« (gegen die Kahlköpfigkeit) überliefert.

’s Elektrische

»’s Elektrische is wos Gfährlichs«,
hat der Brunnhuaber gsagt,
»Bua, do muaßt d’ Finger
davo lassn!

Kaam machst an unrechtn Griff,
– haut’s di scho affi.
Moanst, wia’s di do reißt,
und wia’s oan do pratzlt!

I lang do net hi.
Dös macht ojs mei Wei.
Es muaß doch a Mann im Haus sei,
– wenn ebbs passierert!«

Zweieinhalb oder eineinhalb Fahrkarten?

Die Fröschlbäuerin fährt mit ihrer Mutter und dem zehnjährigen Girgl in die Stadt. Mit der Eisenbahn. Am Schalter verlangt sie zweieinhalb Fahrkarten. Der Beamte ist mißtrauisch, mustert den Buben von oben bis unten und sagt: »Der hat lange Hosen an, der braucht schon ein ganzes Billett!«

»Ja, wenns ihr nach Hosn rechnerts«, meint die Fröschlbäuerin nach einer kurzen Überlegungspause, »nachher brauch ma mir grad oanahalb Fahrkarten: fürn Buam a ganze, für mi a halberte und d' Oma derf umasunst fahrn.«

Der Hirnschnalzer

Is amol a Waldler z Straubing auf der Dult gwen und wollt nachher mit'm Zug hoamfahrn. Fragt 'n der Bahnbeamte: »Bist a Waldler, gell?«
»Ja!«
»Stimmt jetz dös, daß bei euch 's Hirn an lautn Schnalzer tuat, wenns ös mit vierzge endlich amol gscheit werds?«
»Ja«, sagt der Waldler, »genau a so is's!«
»Aber was taats nachher«, wollt der Straubinger no wissn, »wenn der Schnalzer ausbleibt?«
»Nachher lassn mer uns bei der Bahn eistelln!« hat der Waldler gsagt.

Patriotismus

»Werfts dö Straubinger außer!«
habn dö Kötztinger gschrien,
wia s' nach zehn Stundn Fuaßmarsch
zur Gerichtsverhandlung kemma san
und der Saal scho voller Leut gwen is,
»der Heigl* is unser Rauber!«

* Der Räuber Heigl – so etwas wie ein waldlerischer Robin Hood – wurde 1816 in Beckendorf bei Kötzting als Kind armer Leute geboren und kam schon als Hütbub mit dem Gesetz in Konflikt. Später wurde er von Hunderten von Gendarmen und Soldaten gejagt, bis er endlich verhaftet werden konnte und 1854 in Straubing verurteilt wurde.

Vorsorge

»Paß fei af,
daß d' nix verschüttst!«
hat diesell Bäuerin
zu ihrm Mo gsagt,

wia der beim Feueralarm
sein Helm
unterm Bett
vürazogn hat.

Schad!

»Schad, daß d' net
dagwesn bist,
wia mei Stadl
abbrennt is«,
hat dersell Bauer
zum Feuerschlucker
im Zirkus gsagt,
»da hättst di
vollfressn könna!«

Mißverständnis

»Heut regnt's aber warm!«
hat dersell Bauer gsagt,
wia er in der Nacht
vorm Haus gstandn is.
Derweil hat grad der Knecht
vom Schrout owabieslt …

Bayerische Gerüche

Der Bayer trifft auch bei Gerüchen feine Unterscheidungen: Wenn etwas unangenehm (leicht säuerlich) schmeckt, rasselt es; d' Dirn schwitzlt, der Knecht odelt, der Hüaterbua schoaßlt, d' Füaß kaasln, 's Bier säuerlt, der Wein stopslt, 's Rehfleisch wujdlt, a Bsuffener bierlt, 's alte Gras grealt, a nass' Heu dimmlt, draußt bei der Holzschar (Holzlege) pechlts, im Wassergrand fischlts schimmeliges Mehl graawlt, a alter Butter ranzlt, im Leichnhaus doudlts, beim Ofa brandlts, in der Küch bramslts (es riecht nach angebrannter Milch), im Tischschubladn ojdbacherts, in der Kammer mufflts, afm Bodn (Speicher) soachlts, der Katzndreck stinkt, im Stall ross'lts oder mistlts, drum spritzt sich die Bäuerin am Feiertag mit am schmeckertn Wasser (Parfüm) an.
Aber auch auf Mixturen versteht sich ein Bayer: »Da kannt ma leicht oan druntermischn!« sagt einer, der an einem frisch geodelten Feld vorbeigeht.

Der Lalli

An Helmbrecht Girgl
hat der Baam derschlagn
im Hojz draußt.

Der Penzkofer Alisi
is no wegkemma,
– grad no!

Jetz kriagt d' Helmbrechtin
siebnhundert Mark Rente
im Monat!

»… weil er no wegspringa
hat miassn«, sagt d' Penzkoferin,
»der Lalli!«

Abendstimmung

Der Oberbuchhalter Fridolin Faltermeier ist einer von denen, die es inwendig haben. Während seine Zeitgenossen in stinkenden Benzinkutschen nach Süden rauschen, auf lautsprecherbestückten Campingplätzen ihre Zelte aufschlagen und mit zehntausend anderen am Strand der Adria liegen, zieht er auf Schusters Rappen durch die Lande, durchwandert einsame Tannenwälder und rastet an verträumten Bergseen.

In solcher Umgebung küßt die Muse schneller und leichter als in einem kleinen, engen Büroraum. Das läßt sich denken.

Ein Holzknecht unterbricht die schöpferische Stille. Fridolin Faltermeier ist darob nicht ungehalten – braucht doch jedes Wort auch eine Antwort, jeder Ruf in die Natur seinen Widerruf. Und so wendet sich der Dichter an den Sohn der Wildnis, wohl wissend, daß in so rauher Brust nicht selten ein verstehend Herze schlägt.

»Mein Freund«, hebt Fridolin an, »sahen Sie gestern abend nicht, wie hinter dieser Höhen Rücken der Himmel sich wie Purpur färbte und später dann vor Schreck erbleichte? Sahen Sie nicht die grauen Wolken wilden Schwänen gleich dahintreiben in des Abends Fluß?«

»Naa«, lacht da der Holzknecht und schüttelt den Kopf, »so bsuffa bin i scho lang nimmer gwen!«

Der Eintrag im Hüttenbuch

Direktor Habersack war ein Mann der Tat, nicht der vielen Worte, »ein Mann des Kalküls, nicht des Gefühls«, wie er selbst zu sagen pflegte. Aber acht Tage Bergurlaub hatten ihn doch so verändert, daß er sich beim Abschied das Hüttenbuch geben ließ und darin der Nachwelt in steilen Buchstaben ein Poem vermachte.

Weil nun dies das einzige dichterische Werk seines Lebens war, erinnerte sich Habersack noch daran, als er – einer seltsamen Eingebung folgend – nach Jahren mit Frau und Kindern wieder die Gegend seiner frühen Begnadung aufsuchte. Sogleich blätterte er in jenem alten Hüttenbuch nach seinem Eintrag, fand ihn auch – allerdings schrecklich entstellt, genauer: von frevelnder Hand mit einem Nachsatz versehen, so daß also jetzt auf dieser Seite zu lesen stand:

Alpenrose – schönste Rose,
schönste Rose – Alpenrose.

Habersack

darunter:

Habersack – blöder Sack,
blöder Sack – Habersack.

Alpenrose

Die Unterschrift

Das war damals, als die Volksschule im jungen Königreich Bayern erst in den Kinderschuhen steckte und noch die wenigsten Bauern etwas von einem Kunstdünger gehört hatten. Ein rühriger Vertreter dieses neuen Industriezweiges hat im Bayerischen Wald sein Glück zu machen versucht, und mit Hilfe der sprichwörtlichen preußischen Eloquenz hat er dem Gstettenbauern von Irlach tatsächlich fünf Sack Kaliphosphat aufschwätzen können.

Der Kunstdüngerfritze füllt den Bestellschein aus und schiebt ihn dem Bauern zur Unterschrift hin. Der Gstettner holt sich das Schreibzeug aus dem Wandschrank, taucht die Feder ein und malt dann bedächtig ein Kreuz auf das Papier und noch eins und noch eins und noch ..., insgesamt sechs Stück.

Der Vertreter reibt sich die Augen und staunt: »Wat, Sie können gar nich schreiben? Nich emol Ihren Namen?«

»Mei, zu was denn?« fragt der Gstettner zurück, »so notwendig is dös aa wieder net. Meine Viecher kanntn's sowieso net lesn ...«

»Aber sajen Se emol«, wundert sich der Bilderbuchpreuße, »warum machen Se denn sechs Kreuze? Da hätten doch drei ooch jenügt!«

»Naa, naa«, behaart der Bauer auf seinem Standpunkt, »dös verstehst du net, dös hoaßt nämli ›Franz Xaver Gstettner, Bauer von Irlach‹ – und dös san doch sechs Wörter! Woaßt, so dumm, wia du moanst, bin i nachher aa wieder net, und was sei muaß, muaß sei ...«

Die kürzeste bayerische Gruslgschicht

Der letzte Mensch
sitzt am Tisch
und trinkt a Masserl.

Da klopft eahm ebba
af d' Schulter und fragt:
»Schmeckt's?«

Dö Zwiepaarign

»Schauts ös euch no o,
dös Bujdl vo damals!«
sagt der Burgermoaster.
»Mei Großvater is da erste
gwen im ganzn Dorf
mit zwiepaarige* Schuah!«

»Ja, dös stimmt!«
lachen dö andern.
»Ma sieghts ganz deitli:
ojs oapaarig, oamoj zwiepaarig!
– Bloß verkehrt hat er s' o,
dei Großvater, dö Zwiepaarign!«

* »Zwiepaarig« nannte man früher (Holz-)Schuhe, die im Gegensatz zu den »oapaarigen« auf rechts und links gearbeitet waren.

Niederbayerische Zeitungsanzeige
vor 80 Jahren

Der Hundskrüppi, der am Kirta
sei steherds Messer
zwischn meiner drittn und viertn
Rippn stecka hat lassn,
soll 's bis zum nächstn
Pfinsta abholn bei mir,
weil i 's eahm sonst
am Sunnta selber zruckbring!

Ein böser Traum

Da is eah amol in am Zirkus
a Löwe auskemma.
Der hat si im Hojz draußt
versteckt und is jeder Wocha
in d' Regierung af Minga ei
und hat oan von dö Beamtn gfressn.

A ganz Jahr lang is dös Gspuj
a so zuaganga, und dö Sach
is überhaupts net afgfojn.

Aber nachher hat der Löwe
amol ebbs in dö Augn kriagt,
hat nimmer gscheit gseghn
und hat a Putzfrau derwischt
statt am Beamtn. Af dö Weis
is nachher dö Sach afkemma …

Diagnostischer Dialog

Er: »I bin fleißig wia a Imp,
schuft wia a Ochs
racker wia a Roß,
und bin af d' Nacht
müad wia a Hund!«

Sie: »Moanst net, du sollterst
amol zum Tierarzt geh?
Es schaught nämli aus,
als waarst a Schaf
oder am End gar a Esl ...«

Bayerische Beutlgstanzl

Der Bayer scheint von jeher eine heimliche Freude am Spielerischen zu haben. Dieses Charakteristikum reicht von Wortspielereien in mittelalterlichen Klöstern bis zum Komödienstadel des Bayerischen Fernsehens.
Zu solchen sprachlichen Schmankerln zählen auch die sogenannten Beutlgstanzl (hochdeutsch: Schüttelreime), von denen hier eine kleine Auswahl vorgestellt wird:

I steigert aa af d' Kampnwand,
wenn i mit meiner Wampn kannt!

Wenn oaner wo a Kindl findt,
na nennt ma dös a Findlkind.

Man staunt, daß Gottes Schöpferkraft
in Östreich so vuj Kröpf erschafft.

Wenn a so an ojder Klachl tanzt,
na schwitzt er, daß sei Dachl glanzt.

Heut hat a jeder Lackl
a so a neues Lederjackl.

Dem Gschäftsmo is die liaber Kundschaft,
die net vuj redt und jedn Schund kaaft.

Mei Liaber, ohne Drittn san ma
halt z wenig für a Sittndrama!

Heut kann unter jeder Steppdeckn
a ausgemachter Depp steckn.

Bayerische Zungenbrecher

Heit scheint d' Sunn schö!«

Er hat zu seim Speck 's Bsteck z spät bstellt.

Wenn s' an Schmai hättn, schnupfetn s' 'n.

I bin doch net euer Kuahstalltürzuamacherbua!

A wichtiger Buachstab

»Dös X wenn's net gaab«,
hat der Xöllhuaber xagt,
»do taat ma si fei hart
mit der Sprach!

Ma könnt net amol
›Xundheit‹ sagn, wenn's oan reißert,
und ob ma 's Fleisch liaber
xottn möcht oder xelcht.

A Xuach wenn ma machert,
weil d' Xetza z xalzn san,
da fallert ma pfeigrad afs Xicht
– und aus waar's mit'm Xang!«

w. g.

Inspektor W. Gänseklein ist gestern abend im Gasthaus »Zum Alpenblick« abgestiegen, hat dort genächtigt und gefrühstückt und will heute gleich wieder weiter, von wegen Alpensport und so. Er fragt den Wirt nach der Rechnung, und der stellt sie ihm auch umgehend aus:

Übernachtung	DM 85,–
Frühstück	DM 18,–
Bedienung	DM 10,30
w. g.	DM 16,70

Inspektor Gänseklein überfliegt den Zettel und stutzt: »Was soll denn hier mein Name mitten in der Rechnung, w. g. 16,70?«

»Naa, naa, dös is net Ihr Name! Ja, was glaubn S' denn, i weiß ja gar net, wie Sie heißn!«

»Ja, aber sagen Sie mal, was bedeuten denn dann die zwei Buchstaben?«

»Ja, wissn S'«, sagt der Wirt und neigt sich ein wenig zu dem Fremden herunter, »dös is a so: Die zwei Buchstabn heißn, wenn's gang', ›wenn es ginge.‹«

»Ja, und – ?«

»Ja, wissen S', die meistn Leut zahln dös, die fragn gar net. Da geht's dann. Aber wenn's bei Ihnen nicht geht, dann streichn mir halt in Gottesnamen den Posten wieder von der Rechnung. Macht aa nix! – Pfüat Eahna God, Herr Direktor!«

Vollkommen elektrisiert

In der Früah stehst af,
als wenn's di gstroaft hätt,
überwindst den Widerstand
gegn d' Arbert,
probierst im Betrieb
gegn an Strom z' schwimma
und kriagst womöglich
oane gwischt,
daß d' Funkn fliagn sieghst ...
Bua, da wirst vielleicht gladn!

Am Feierabnd hoam wia der Blitz,
– und na kimmt a Film
ohne a bisserl a Spannung,
und bei deiner Hulda
springt aa nix über.
Koa Wunder,
daß dir aa mit der Zeit
d' Sicherung durchhaut.
Und nachher stehst da,
vojkommen isoliert!

Musikalisch

»Mir san a recht
a musikalische Familie«,
hat dersell Bua
zum Lehrer gsagt.
»Der Opa spujt Mundharmonika,
d' Oma Lotto,
der Papa Schafkopf,
mei großer Bruader
an feina Maxi,
mei Schwester
die Beleidigte,
und d' Mama spujt ab.«

Sprachebenen

»Hamm-hamm gut?«
hat dersell Politiker
bei einem Essen
an Diplomatn
aus Afrika gfragt.

A Zeit drauf,
wia si alle
zuaprost habn,
hat er wieder gfragt:
»Gluck-gluck gut?«

Anschließend hat der
afrikanische Diplomat
a Red ghaltn
im schönsten Hochdeutsch.

Und wia er fertig
gwen is, hat er
den Politiker gfragt:
»Bla-bla gut?«

Goldener Mittelweg

»Voda, der Nachbar is draußd
und möcht d' Sanst z leiha nehma ...«

»Dös is dumm. Gebn mir s' eahm,
nachher kriagn ma s' nimmer.

Und gebn mir s' eahm net,
nachher habn mir d' Feindschaft.

Woaßt wos? Mir gehn an Mittlweg:
Sag eahm, er soll uns kreuzweis!«

Einleuchtende Abkürzung

»Was wird jetz dös hoaßn?«
hat d' Edbäuerin gfragt,
wia s' af der Einladung
glesn hat: U. A. w. g.

»Du wirst a so a Durl sei!«
hat der Edbauer gschimpft.
»Dös is doch ganz einfach:
Um achte wird gessn!«

Mißverständnis

»Herr Pfarrer, mir möchtn Eahna eiladn.
Kommen S' mit der Frau Gemahlin?«

»Dös wird si kaam macha lassn …
Wissn S', mir habn doch an Zölibat!«

»Dös is überhaupts koa Problem:
Bringen S' den Kloan einfach mit!«

Sprachliche Feinheiten

»No, Frau Hinterwimmer«,
hat der Apotheker gsagt,
»geht's Eahna wieder guat?«
»Guat net, owa besser!«
»Owa es is doch guat, daß's
Eahna wieder besser geht ...«
»Owa no besser waar's,
wenn's ma wieder guat gang!«
hat d' Wimmerin gsagt und hat
af dö hintern Stockzähn glacht.

Lach di krank, daß d' gsund bleibst!

Gegensätze müssen sich im Bayerischen nicht gegenseitig ausschließen, sie können auch eine Steigerung umschreiben. Da is dann a Sach sauber z dreckert, a Red a gscheider Blödsinn, wir reden von am schöna Sauwetter oder von a schöner Sauerei. Sogar a dunkls Weißbier und a kuahwarme Goaßmilli sind keine sprachlichen Mißgriffe.

Auch die inständige Aufforderung: »Geh weiter, bleib no da!« oder: »Jetz derfst aber langsam schneller werdn!« gehört ebenso hierher wie der Befehl des Zahnarzts: »Beiß d' Zähn zsamm und mach 's Mäui auf!« Ja, ja, z schwaar is oam leicht was! »Owa wenn's net geht«, hat dössell Wei zu ihrm Mo gsagt, »nachher lass' mer's halt geh …« Denn 's Lebn waar vuj leichter, wenn's net so schwaar waar!

Die oft zu hörende Wendung »Ja verreck!« bezeichnet übrigens in der bayerischen Diktion keinen Imperativ, sondern ist nichts anderes als ein Ausruf ungläubigen (oder zumindest überraschten) Erstaunens. Ähnlich verhält es sich mit dem gut gemeinten Wunsch »Lach di krank, daß d' gsund bleibst!« Und es ist auch nicht unlogisch, wenn von jemandem behauptet wird: »Der ist so dumm, wia er gscheit is!«

Bericht über den großen Brand in Huglhapfing

Das Feuer in Huglhapfing brach durch die Irrsinnigkeit des Bauern Xaver Zitzelsberger aus, der seine kleinen Kinder zum Schweinefüttern verwendete, was in keinster Weise den gesetzlichen Vorschriften entspricht.
Der Feueralarm erfolgte dadurch, daß der Mesner zu früh die Sterbeglocke läutete, weil er gehofft hatte, daß seine Schwiegermutter gestorben sei, als er sie versehentlich die Kellertreppe hinuntergestoßen hatte.
Der Besitzer des abgebrannten Hofes konnte selber nicht löschen, weil er kein Wasser hatte und überdies gar nicht daheim war. Die Spritzen wurden zunächst aus der Jauche des Beschädigten gespeist, dann durch das Saugen der Feuerwehrmänner im benachbarten Weiher.
Der dritte Vorstand gab vom Scheunendach aus mit kräftigem Strahl sein Wasser ab. Auf seine Veranlassung wurden auch alle Öffnungen des Nachbarn mit Mist zugestopft.
Die ledige Dienstmagd Cäcilie Hirnschrot und der Knecht Girgl retteten ihr nacktes Leben gemeinsam im bloßen Hemd. Die Rindviecher rannten die ganze Zeit in das Feuer hinein und mußten deshalb in die Schupfe gesperrt werden. Gerettet wurden insgesamt die alte Großmutter,

drei Kühe und zwei Schweine, die aber im Schutz der Dunkelheit alle gestohlen wurden – bis auf die Großmutter.
Die Löscharbeiten leitete der stellvertretende Kommandant, weil es beim richtigen Kommandanten selber im Oberstübchen brannte. Nachdem der Brandplatz mit zwei Laternen und einem Gendarmen erleuchtet wurde, löschten die Feuerwehrleute im Wirtshaus bis in die frühen Morgenstunden kräftig weiter.
Der vorgeschriebene Brand hat wieder einmal gezeigt, daß sowohl das Feuerwehrhaus wie auch das Wirtshaus nicht allzu weit von der Brandstatt entfernt sein dürfen, wenn dabei etwas herauskommen soll …

Nicht austauschbar

Daß Dialekt und Hochsprache nicht beliebig austauschbar sind, zeigt die folgende Geschichte: Ein Bayer soll im Krieg durch Erschießen hingerichtet werden. Als das Exekutionskommando schon Aufstellung genommen hat, versucht er in letzter Minute die Vollstreckung des Urteils mit einem Trick zu verhindern. Er schreit aus Leibeskräften: »Brinna tuat's, brinna tuat's ...« Und während des daraufhin entstehenden Tumults gelingt es ihm tatsächlich zu entfliehen.

Ein Norddeutscher beziehungsweise Südschwede, der das gleiche Schicksal erleiden soll, macht es dem Bayern nach – und ruft im alles entscheidenden Augenblick: »Feuer ...«

Die vier Steigerungsformen

In der Schule von Lauterbach nehmen sie in dieser Woche die Steigerung von Eigenschaftswörtern durch: schön – schöner – am schönsten. Mit der Zeit klappt das ganz gut. Sogar bei schwierigeren Fällen: gut – besser – am besten …
Als sich der Herr Hauptlehrer am nächsten Tag das ganze wiederholen läßt, will er auch wissen, wieviel Steigerungsstufen es denn überhaupt gibt. Die meisten meinen drei. Aber der Hinterwimmer Sepperl behauptet steif und fest: vier! Der Hauptlehrer wiegt bedächtig den Kopf und fragt, ob er ihm denn das auch beweisen könne. Da steht der Sepperl auf und sagt: »Als Kind heißt man Beppi, als Bua Sepperl, als Vater Sepp und im Himmel Josef!«
Ja, wo einer recht hat, da hat er recht. So ist das nun einmal.

Es ist nicht immer einfach mit dem Dialekt!

Der Dialektforscher Bartholomäus Huglmoser ist bei seiner Feldforschung im Bayerischen Wald unterwegs. Er fragt nach diesen und jenen schon fast vergessenen Ausdrücken und notiert alles feinsäuberlich in einer speziellen Lautschrift auf einem Fragebogen. Zur Sicherheit läßt er auch noch ein Tonband mitlaufen.

»No, Gstettnbauer, wia sagts jetz ös für ›immer‹?«

»Da sagn mir ›ojwei‹!«

»Immer?«

»Ja, ›ojwei‹, immer ›ojwei‹! Naa, ojwei ›immer‹! Ah geh, Krampf! Immer ›ojwei‹! Praktisch ojwei ›ojwei‹!«

Bayerisch – perfekt auswärts

Manche (durchaus ernstzunehmende) Historiker nehmen an, der bayerische Stamm habe sich aus den Fußkranken der Völkerwanderung gebildet, er stelle also ein Konglomerat aus allen möglichen Völkerschaften dar.

Tatsächlich kann man sich manchmal des Eindrucks nicht erwehren, der bayerische Dialekt enthalte Sprachbausteine aus aller Herren Länder. So zum Beispiel klingt der Satz: »Wenn a Laus am Ohr is, pack s', druck s', gar is!« ziemlich lateinisch (vena laus amoris, pax, trux, garis). Ähnlich ist es mit der Entschuldigung, die ein Vater seinem Buben in die Schule mitgab: »Benedicte tempum« (Benötigte den Buben).

Zu einer Notlüge mußte allerdings ein dieser klassischen Sprache unkundiger Vater Zuflucht nehmen, dessen bildungsbeflissener Sprößling unbedingt wissen wollte, was das Schriftband »GLORIA IN EXCELSIS DEO« über der Krippe bedeute. »Dös is Preußisch«, sagte der Papa, »af deutsch hoaßt's ›schöne Feiertag und a guats neus Jahr!‹« Da hatte jener Landsmann schon eine glücklichere Hand, als er seinem Filius die Inschrift »SALUBRITATI« (dem Wohlbefinden) über dem Volksbad mit dem Imperativ »Sauluader, bad di!« übersetzte. Ja, es ist schon gut, wenn man wenigstens ein oder zwei Jahre humanistischer Bildung nachweisen kann, etwa nach dem Motto: »Der Sommer waar wieder amol vorbei oder wie wir Lateiner sagen: summa summarum ...«

Wechseln wir den Schauplatz. Als einmal ein Amerikaner einen Bayern begrüßte, sagte er: »Well, Sie kommen aus Bavaria; ich haben es gekannt an your face!« Darauf unser Bayer: »Dös taat mi aber jetz scho interessiern, wia du dös an meine Fiaß kennt hast!« Im Gasthaus prostet ihm dann der Ami zu: »Your health!« Intuitiv pariert der Bayer: »Your Dunkls!«

Etwas problematischer ist da allerdings die Sache mit dem Abschiedsgruß eines Franzosen, der dem Bayern noch ein »Bon voyage!« nachruft. Leicht irritiert kann unser Landsmann nur kontern: »Du mi aa!« »Dö müassn uns kenna!« hat dersell Burschenvereinsvorstand gsagt, wia s' auf Paris gfahrn san und am Bahnhof allerweil oaner gschrien hat: »Bagasch, Bagasch ...!«

Auf einem italienischen Postamt vergewissert sich der Beamte noch einmal: »Poste restante (postlagernd)?« Ein wenig empört gibt der Bayer zurück: »Nix Protestante, ich Katholik!« Demgegenüber ist das Mißverständnis in einem italienischen Supermarkt wieder harmloser. Die Verkäuferin notiert: »Sessanta otto (68)«, und der bayerische Urlauber korrigiert: »Naa, i bin der Xari!« Umgekehrt hält eine Urlauberin aus dem Norden Deutschlands, die auf einem Volksfest mit einem Bayern tanzt, diesen für einen Italiener. »›Dipacciano‹ heißt er!« erzählt sie ihrer Freundin.

Sogar mit dem (Alt-)Griechischen weist das Bayerische Ähnlichkeiten auf: »Mähn Äbte Heu? Äbte mähn nie Heu!« Oder: »Bal i so mei ghörigs Bier ho, a Liter a acht, a nei, nacher glang i.« (Diese Sätze lassen sich auch gut mit griechischen Buchstaben schreiben!)

Selbst eine Verwandtschaft des Bayerischen mit dem Chinesischen wurde schon hin und wieder in Erwägung gezogen: »Geh, glang hi!« Oder: »D' Sunn scheint schee.« Oder wenn der Bub zu der Mutter sagt: »Heut habn mir chinesisch gessn: A weng weng!« Das erinnert an die Übersetzung des Begriffs »kurzer Zug« ins Chinesische: weng Wagn, oder an den chinesischen Landwirtschaftsminister Ku-Dung. Der Dieb heißt in dieser Sprache Lang-fing, der Polizist Lang-fing-fang, der Polizeihund Lang-fing-fang-wau-wau.

Solche Sprachspiele lassen sich natürlich fortsetzen: Lars Tragl heißt dann der dänische Minister gegen Alkoholmißbrauch, Olga Preschowa ist eine russische Abfahrtsläuferin, Anna Bolika eine bestechliche Sportärztin und Weit-viri-leinen das Geheimnis der finnischen Schispringer. Güllehülle heißen die Pampers auf türkisch, Ali-mallachen ist das Motto arabischer Photographen, Fidel Castro heißt der Geigenkasten auf Spanisch; Der-wisch das Schulzeugnis auf Arabisch, Ma-hat-ma-kindigt ist ein indischer Arbeitsloser und Do-ping ein chinesischer Radrennfahrer.

Kleiner Unterschied

»Bin i laut gnua
für da hintn im Eck?«
hat der
Vortragende gfragt.

»Laut gnua scho«,
habn d' Zuhörer gsagt,
»aber leider
nicht verständlich!«

Keine vergleichbare Situation

»Geh, setz di nieder,
wennst nix mehr woaßt«,
hat dersell Bauer
zum Abgeordnetn gsagt,
wia der in seiner Red
steckabliebm is,
»mir san doch net
im Landtag ...«

Beredte Politik

In der Wahlzeit wirft die hohe Politik ihre Wellen bis ins hinterste Gebirgsdorf. Dort hocken im Wirtshaus ein paar Bauern beisammen und rauchen ihre Pfeifen.

Es ist schon eine gute halbe Stunde vergangen, seit das letzte Wort gefallen ist. Da nimmt der Eckerbauer seine Pfeife aus dem Maul, spuckt auf den Bretterboden und sagt »Ja, ja ...«

Es vergeht wieder eine schöne Zeit, und keiner sagt ein Sterbenswörtlein dazu. Da läßt sich der Eckerbauer ein zweites Mal vernehmen: »Ja, ja ...« Das wird aber dem Oberhofer zu dumm und er haut mit der Faust auf den Tisch und schreit über die tanzenden Biergläser hinweg: »Jetzt wennst net aufhörst mit deim ewign Politisiern, nachher geh i hoam!«

Bayerische Logik

»Da stinkt's!«
schnuflt der Apotheker
am Stammtisch.

»Dös könna bloß
d' Hund sei!«
überlegt der Pfarrer.

»Hund san ja
gar koa da!«
sagt der Wirt.

»Dö werdn scho
no kemma ...«,
moant der Lehrer.

Trau, schau wem!

Das war damals, als auf den waldlerischen Bauernhöfen die ersten Rundfunkapparate aufzutauchen begannen, einfache Geräte, mit denen in der Regel nur ein einziger Sender einigermaßen zufriedenstellend zu empfangen war.
Auch der Oberhofer hatte sich so einen Radiokasten angeschafft, stand ihm aber noch ein bißchen fremd und mißtrauisch gegenüber – wer will ihm das verdenken?
Eines Tages traf er bei der Heuarbeit mit seinem Nachbarn, dem Zitzelsberger, zusammen, von dem er wußte, daß er auch so einen neumodischen Kasten zu Hause hatte, und wollte nun die Probe aufs Exempel machen. »Du, Zitzlsberger«, sagte er , »mei Radio meldt a schlechts Wetter – was sagt 'n der dei?«

Infrastrukturelle Maßnahme

»– der hat jetz a Imbißbude afgmacht
zwengs der vujn Touristn,
die zu eahm kemman …!«

hat dersell Holzhauer gsagt,
wia 'n der Fremde gfragt hat,
wo da der Einsiedler haust.

Schlagfertig

»Woaus, ös drei …?«
hat dersell Lehrer
an Bauern gfragt,

der mit seine zwee
Ochsn vorbeigfahrn is.

»Am viertn vorbei!«
hat der Bauer gsagt
und hat recht zahnt.

Logisch

»Heut zeichnen wir Kühe auf der Weide«,
hat d' Lehrerin zu dö Kinder gsagt …

»Sepperl, bei dir siegh i aber koa Gras.«
»– weil 's d' Küah scho abgfressn habn!«
»I siegh aber aa koane Küah …«
»Klar. Es is ja koa Gras mehr da!«

Kein Bedarf!

»Gell, Mama, mir brauch ma net
af 'n Flohmarkt geh«,

hat dersell Bua
zu der Muatter gsagt,

mit habn a so
vuj gnua dahoam …

Oberpfälzer Selbstwertgefühl

Mir in Rengschburg habn scho
bayrisch dicht und gschriebn,

da is Minga no a Mäuthäusl gwen,

irgendwo in der Mitt
zwischn Mittnwald und Minekin.*

* Regionale Bezeichnung des bereits um 768 in Niederaltaicher Klosterliteralien erwähnten Ortes Mintraching, 13 km südöstlich von Regensburg. Die Alliteration (Stabreim) ist beabsichtigt, weil sie damals die bevorzugte Form der Versbindung darstellte.

Wir – das Volk der Dichter und Denker

Büacher? Ja freili habn mir Büacher!
Was glaubn denn Sie! An Quellekatalog
zum Beispiel, und vom Neckermann müaßt
eigentli aa no oaner umananderliegn …

Ja, und 's Telefonbuach derfst net
vergessn, 's Sparbüachl von der Oma,
s' Kochbuach von der Tochter – und 's Foto-
album schaugt aa scho fast aus wia a Buach …

Irgendwo müassert sogar no a »Gotteslob«
zum findn sei vom Buam seiner Erstkommunion.
Ja, was glaubn denn Sie! Af Büacher
habn mir scho allerweil was ghaltn!

Neuer Wein in alten Schläuchen

»Schackline,
wia oft soll i dir's
denn no sagn:
Geh owa vom Misthaafa

und paß a weng
afn Sven-Rüdiger
und af d' Ramona af,
du Luader, du fauls!«

Verständlich

»Da taat's Eahna aa
d' Sprach verschlagn,
wenn S' af oamal
wieder seghertn!«

hat dersell Bedlmo gsagt,
wia 'n a Passant gfragt hat,
wia dös kimmt,
daß er 'n gestern no

mit dem Taferl BLINDER
gseghn hat,
und heut sitzert er
als STUMMER da ...

Makabre Unterhaltung

A: Warum hast 'n du a schwarz Gwand an?
B: Mei Schwiegermuatter is gstorbn.
A: Was hat s' ghabt?
B: A kloane Rentn.
A: Naa, i moan, was ihr gfehlt hat.
B: A größere Wohnung.
A: A geh, an was is s' denn gstorbn?
B: Sie is in Keller gangen um Erdäpfl …
A: Und?
B: … do is s' nachher über d' Staffln owigfalln.
A: Und was habts nachher gmacht?
B: Nudln, weil koane Erdäpfl herobn gwen san …

Die Abstammung

Der Lehrer in der Schul verzählt,
der Mensch, der stammt vom Affn o.
Der Franzl paß guat af
und bringt dös hoam.

»Du, Papa«, sagt er,
»woaßt es scho?
Der Mensch, der stammt vom Affn o
– der Lehrer hat 's uns gsagt.«

Der Vater überlegt net lang
und moant: »Dös mag scho sei,
daß 's stimmt bei dir
– du scho, i aber net!«

Existentielles

»Der Affe unterscheidet sich
vom gewöhnlichen Menschen dadurch,
daß er nicht reden kann«,

hat dersell Bua im Aufsatz gschriebn,
»könnte er sagen ›Ich bin ein Affe‹,
dann wäre er ein Mensch ...«

Verkehrte Welt

»Glaubn möchst es net«,
hat dersell Knecht gsagt,
wia er zum erstn Mal
a Straßnbahn gseghn hat,

»vorn koa Roß,
hintn koa Roß,
aber a Schlittngläut
mittn im Sommer ...«

Rücksichtnahme

Der Achatz von Einfürst holt mit seinem Ochsengespann mehrere Säcke Mehl aus der Rohrmühle. Der Wagen knarrt und ächzt, wie sich alle drei auf dem schlechten Weg bergauf schinden. Draußen am Gangsteig steht die alte Helmbrechtin mit ihrem schweren Eierkorb auf dem Rücken und verschnauft eine Weile. Die Sonne brennt herunter, als wenn sie einem schier die Seele aus dem Leib holen möcht.

Der Achatz hat ein Herz und läßt die Eierhändlerin aufsitzen. Wie sie schon fast wieder in Einfürst sind, fällt ihm auf, daß die Helmbrechtin ihren Eierkorb gar nicht abgenommen hat. Warum, möcht er wissen. »Mei«, sagt sie, »dei Ochs hat eh scho gnua zum ziaghn ghabt, da hab i mir halt denkt, i trag mei Spitzkirm selber, daß er sich net no mehr schindn muaß …«

Standeslehr

»Oans sag i euch«, hat diesell Bäuerin
zu ihre zwoa Deandla gsagt,
»wenns ma ös zu dritt
oder zu viert hoamkemmts,
weils es ihr in der fünften Jahreszeit
mit'm sechsten Gebot net so genau nehmts
und euch scho im siebtn Himmi fujhts,
nachher kracht's!
Nei mit euch!
Ze-...!«

Aufklärung vor hundert Jahren

»Eigentlich waar's
ja a Bua gwen«,

hat dössell Deandl
zu der Lehrerin gsagt,

»aber d' Hebamm hat 'n
z nahert an Ofa hinglegt,

da is er nachher zsprunga
und aa wieder a Deandl wordn ...!«

Ländliche Liebeserklärung

A Weda is afzogn, und der Knecht
is mit'm Heuwagn nimmer hoamkemma.

D' Dirn und er gengan hintnache,
alle zwoa pitschertnaß.

Eahm laaft 's Wasser owi, vorn und hint,
ihr pickt 's Gwand am Körper.

»Du«, sagt der Knecht,
»heut gfallst ma fei ...!«

Liebe

»An was denkst 'n?«
hat dössell Wei
ihrn Mo gfragt,
wia er Teppich klopft hat.
»Dö ganze Zeit an di!«
hat er gsagt.

Liebeserklärung

Er: Mei Herzipopperl, mei kloans …
Schnuckiputzerl, du süaßs …
Du Tschapperl, du liabs …

Sie: Was is 'n heut mit dir los?

Er: Geh, was willst denn, dumms Turl,
i red doch net mit dir,
sondern mit'm Kanari …!

Metamorphosen

»Liabs Katzerl!«
»Uschi!«
»Ursula!«
»Du!«
»Wei!«
»Ojde!«
»He …!«

»Liabs Katzerl!«
»Sonja …!«

Beweisnot

»Unter Zeugn
hat mir mei Wei
Liebe und Treue
gschworn ...«,
hat dersell Mo
philosophiert,
»aber leider lebt
von dö Zeugn
koaner mehr ...!«

Wahre Reue

»Bereust dös wenigstens,
daß d' deim Mo d' Suppnschüssel
af 'n Schädl ghaut hast?«
hat dersell Pfarrer
d' Bäuerin im Beichtstuhl gfragt.
»Ja freili«, hat s' gsagt,
»es is ja dö schönste gwen
vo meim ganzn Kuchlgschirr!«

Gewußt wie!

Der ojd Laschinger is scho seit a paar Monat liegerhafti. »Er wird's wohl nimmer derpacka!« sagn d' Leut. Der Herr Pfarrer nimmt si deswegn fest vür, daß er 'n no amol afsuacht.

Es is scho a recht a armselige Hirwa, beim Laschinger: koa Bujdl an der Wänd, koa Vorhang, koa extrigs Mobilar und eiskojd. Aber, und dös wundert an Pfarrer, nebn seiner Liegerstatt in der Stubn hat der Mo die reinste Holzschar afgricht.

»Was hast denn jetz da für an Holzhandl?« fragt 'n der Geistliche.

»Ja, wissn S', Herr Pfarrer«, schreit der Laschinger, »mei Wei is ja scho ganz doarert. Und wenn i ebbs brauch, wirf i ihr grad allerweil a Holzscheitl affi ...!«

Bayerische Tröstung

»Af d' Wocha«,
hat d' Hüttingerin gwoant,
»bin i unter der Erd.
Mit mir geht's dahi!«

Aber der Bauer
versteht si afs Tröstn,
afs Zuaredn,
wia net leicht a zwoater:

»Tua di net owi«,
sagt er, »tua di net owi,
an Seppnhauser sei Kuah
is aa wieder wordn!«

Vermißtenanzeige

Polizist: »Sie vermissen also Ihren Mann, sagen Sie. Sie, wenn i Eahna da an Rat gebn derf: Da taat i zerscht no an Tag oder zwoa zuwartn. Sie wissen ja, jetz in der Volksfestzeit, da kann oaner scho amol net glei af Anhieb hoamfindn. Aber wenn mir 'n wirklich suacha müassertn, Ihrn Mann – hätt er da besondere Kennzeichn?

Ehefrau: »Bis jetz no net!«

Alternative

A: I hab ghört, dir is 's Wei gstorbn ...
B: Ja.
A: Mei Beileid!
B: Dankschön!
A: Bist du net frühers aa scho amol gheirat gwen ...?
B: Ja, scho zwoamal.
A: Und?
B: Dö erste is an vergifte Schwammerl gstorbn.
A: Und dö zwoate?
B: Aa!
A: Und jetz dö dritte?
B: Dö is d' Stiagn owigfalln.
A: Wia dös?
B: Dö hat koa Schwammerl net mögn ...